Prévisions sur les crypto-monnaies

Contenu

Les détails que vous devez savoir sur les crypto-monnaies 5

Cryptocurrencies ayant le plus grand impact et la plus grande notoriété. 7

Les meilleurs sites et outils pour prédire les prix des crypto-monnaies 10

Comment prédire la hausse et la baisse des prix des crypto-monnaies ? 15

Actualités sur les crypto-monnaies ayant un avenir 20

Les portails incontournables pour mesurer l'avenir des crypto-monnaies 21

Les prévisions les plus importantes concernant les crypto-monnaies 27

Prix et prévisions des contrats à terme sur l'Ethereum 29

Estimations futures sur Nano 34

Prévisions du prix du dogecoin 35

Prévisions de prix XDAI 39

Analyse du prix à terme de Ripple (XRP) 40

Toutes les tendances derrière Dash 43

Estimation du prix futur de Cosmos (ATOM) 45

Évolution et prévisions des prix du chilis 47

Polkadot et son avenir proche sur la gamme de prix 49

Les prix à terme de VeChain comme échantillon prédictif 52

Conseils pour calculer la valeur future d'une crypto-monnaie 53

Sources pour prédire l'avenir des crypto-monnaies 57

Mettre en œuvre l'analyse technique pour mesurer l'avenir des crypto-monnaies. 59

Les marchés de prédiction les plus fiables 70

Le rôle des tendances Google 72

Application de l'analyse fondamentale pour déterminer l'avenir des crypto-monnaies. 74

Guide de l'avenir et des tendances des crypto-monnaies

Dans le monde des crypto-monnaies, il y a beaucoup de décisions basées sur un haut niveau d'incertitude, surtout chaque scénario dépend de l'année où vous barbotez et des événements externes qui influencent le prix de la même chose, et l'année 2021 est posée comme une opportunité de récupérer financièrement.

L'investissement sur des actifs est une réalité moderne surtout pour affirmer tout niveau de liquidité, pour cette raison les crypto-monnaies sont toujours une tendance pour augmenter et prendre soin des revenus, cette brillante alternative ne demande que de comprendre le potentiel de chacun, pour exploiter leurs mouvements.

Les détails que vous devez savoir sur les crypto-monnaies

Le flux de crypto-monnaies est un fait habituel sur les réseaux sociaux même, puisque ces monnaies numériques sont les protagonistes d'un grand nombre de transactions, grâce au fait qu'ils sont classés comme des actifs numériques, étant un réseau d'ordinateurs qui fait qu'il n'y a pas de contrôle externe, mais un développement décentralisé.

Avoir des monnaies physiques est laissé de côté sous cette modalité, où chaque crypto-monnaie est spéciale parce qu'elle a une cryptographie unique, c'est pourquoi ils sont les moyens préférés de paiement en ligne, derrière chacun est une variété d'algorithmes composés de cryptage et de techniques.

Il y a plus de 10 000 monnaies virtuelles dans le monde, et cette tendance est à la hausse, car de plus en plus émergent, étant une dynamique qui est classée comme ICO, ce type de monnaies se distinguent par le type de technologie, le cryptage et la philosophie à laquelle ils sont soutenus.

Au fur et à mesure que de nouvelles crypto-monnaies apparaissent, les plateformes qui facilitent les transactions en crypto-monnaies font de même. Bien qu'il soit essentiel de distinguer les réseaux de transaction des portefeuilles, et encore moins des autres plateformes d'achat, tous ces éléments sont considérés comme des ressources pour effectuer des transactions en crypto-monnaies.

Après les dernières nouvelles de ces médias, il est prévu que la Blockchain aura une plus grande consolidation des crypto-monnaies, ce qui signifie que l'investissement sur celles-ci augmente, donc savoir lesquelles sont en plein essor ou ont un avenir, est vital pour réussir sur ce support.

Cryptocurrencies ayant le plus grand impact et la plus grande notoriété.

Actuellement, un énorme ensemble de cryptocurrencies possède sa consolidation le temps, et en plus de tout, ils ont une réputation pour leur rentabilité, c'est pourquoi ils sont définis comme les actifs du moment que vous ne pouvez pas négliger un certain investissement sur la suite :

1. **Bitcoin (BTC)**

Sans aucun doute, le Bitcoin représente l'une des crypto-monnaies les plus connues et les plus renommées au monde, ceci est également dû à son importance en tant qu'actif pionnier de ce monde, sa création en 2008 a été à l'origine d'un environnement financier aussi large, et avec ses 10 ans de trajectoire, cela signifie une option de grande confiance.

Depuis son lancement, jusqu'à aujourd'hui, elle a eu une augmentation remarquable de sa valeur, ce qui l'a fait classer comme un leader sur ce marché numérique, au-delà des hauts et des bas qu'elle a, pour cette raison, elle sera toujours conçue comme une crypto-monnaie à laquelle consacrer de l'attention et de l'intérêt.

2. **Ethereum (ETH)**

Il ne s'agit pas d'une crypto-monnaie, mais d'une vaste plateforme qui développe l'informatique décentralisée, c'est-à-dire qu'il s'agit d'un énorme ordinateur qui est réparti sur un grand nombre d'ordinateurs, ce qui fait que les actions sont effectuées simultanément.

Au milieu de ce réseau de distribution, il y a des opérations qui sont effectuées par la devise ether, étant l'actif qui ajoute de la force à ce réseau, depuis son établissement, une grande augmentation de la valeur historique a été visualisée en 2020, ce qui en fait un objectif lui-même pour être en plein essor.

3. **Binance Coin (BNB)**

Binance est développé comme un cryptoexchange, et sa monnaie officielle est le Binance Coin, sa conception est axée sur le soutien des transactions qui sont effectuées sur cette plate-forme, ainsi les développeurs qui font partie de la Bourse, cherchent à susciter l'intérêt pour ce jeton dans le cadre de projets liés à la Blockchain.

4. Cardano (ADA)

Les transactions de cette crypto-monnaie sont associées à la troisième génération de la Blockchain, comme un signe de résolution des échecs ou des problèmes liés à la scalabilité, comme c'est le cas avec Ethereum, ainsi cet actif a augmenté à grande vitesse sur cette industrie, augmentant la valeur jusqu'à 45 fois en un an.

La distinction de cette crypto-monnaie est basée sur les principes mathématiques utilisés sur le mécanisme de consensus, sans oublier l'architecture qu'elle possède, ce qui la fait remarquer au-dessus des blockchains des autres crypto-monnaies, c'est pourquoi beaucoup parient sur l'avenir de cette crypto-monnaie.

5. Tether (USDT)

Elle représente une monnaie stable, ce qui signifie que sa circulation est basée sur le montant équivalent des monnaies fiduciaires, celles-ci peuvent être l'euro, le dollar et même le yen japonais, sa conception a à voir avec la connexion ou l'achat entre les monnaies fiduciaires et les crypto-monnaies.

Faire des transactions de cette façon, fournit la transparence, et en même temps est une économie de coût de chaque opération, dans ce cas est lié au dollar américain, sous un rapport de 1 à 1, étant un terme de valeur qui a établi, il est donc un moyen de faire l'échange de grande popularité.

Les meilleurs sites et outils pour prédire les prix des crypto-monnaies

Les analyses axées sur l'avenir des crypto-monnaies sont variées, elles cherchent toutes à trouver un point d'opportunité pour investir avec une plus grande durabilité, pour cette raison avant de faire un pas, il est essentiel de consulter chacun des outils en ligne qui peuvent offrir une vision des prix futurs de ces actifs.

- **TradingBeasts.com**

Le trading de devises est une spécialité à part entière de cette plateforme, qui est chargée de présenter des projections basées sur les différentes analyses techniques qui peuvent être effectuées. Les informations fournies par ce portail sont essentielles, car elles permettent de reconnaître les risques de chaque opération.

Sur le sujet des crypto-monnaies, il y a eu des augmentations significatives allant jusqu'à 3000%, étant un excellent moyen de répondre à toutes les questions avant d'entrer pour investir sur n'importe quelle crypto-monnaie, c'est une réponse garantie pour tout type d'intérêt lors du choix d'un investissement.

Le commerce qui est présent sur les crypto-monnaies, est étudié en profondeur, afin que plus d'utilisateurs puissent viser à s'enrichir rapidement, pour cela il est essentiel d'enquêter sur chaque aspect d'un tel marché changeant, donc la détermination du prix peut clarifier les actions futures à développer.

Sa détermination cherche à simplifier la règle de l'achat à bas prix et de la vente à haut prix, pour cette raison chacun des mouvements qui sont sur le graphique sont suivis, en plus de considérer que, étant donné l'effet de certaines technologies, ou de certains financements, et des réseaux sociaux, il peut y avoir une augmentation significative du prix.

Mais l'investissement reste une voie risquée, surtout pour les traders qui ont un haut niveau d'ignorance, il est donc préférable de suivre les indications ou les estimations de ce site web, car elles peuvent encourager tout optimisme au moyen de données plus concrètes.

- **Investisseur de portefeuille**

Les prévisions de cette plate-forme peuvent être acquises même pour un investissement de 10 dollars, étant une autre des alternatives qui peuvent être encourues pour garder un œil sur l'avenir des cryptocurrences, il a également top ou des évaluations sur les mouvements des cryptocurrences.

Ce type de plateforme vend un avantage sur le marché des crypto-monnaies, et même sur d'autres actifs, car elle fournit une section de prévision, où vous pouvez choisir le type de crypto-monnaies, ainsi que la fourchette de ce prix dans le futur, sans laisser de côté la vue personnalisée derrière chaque actif.

Les mises à jour sur certains actifs sont produites toutes les 3 minutes, localisant les derniers prix par l'analyse technique, mais en plus de cela est accompagné d'un suivi intelligent, toute la sélection d'actifs a ce type de traitement, de sorte que toute personne qui est à la recherche de la performance, peut trouver des réponses.

Il ne fait aucun doute que pour qu'un investissement devienne rentable, la première chose à considérer est d'étudier le moment présent, jusqu'à obtenir une conclusion qui peut faire prévaloir l'avenir, à un niveau personnel cette plateforme facilite l'imposition d'un intervalle qui permet de prendre des décisions avec une plus grande sécurité.

- **Crypto Ground**

En plus d'être un outil clé pour suivre l'avenir des crypto-monnaies, il fonctionne également comme un portail qui présente les nouvelles sur chaque actif, les entreprises liées ou les célébrités, c'est-à-dire qu'il permet de faire une analyse personnelle sur le prix des crypto-monnaies en tenant compte du facteur externe.

D'autre part, tout est basé sur l'étude de la technologie développée par les crypto-monnaies en plus de la blockchain, elle sert de plateforme médiatique pour présenter les actualités, cela aide le public à prendre en compte ces annonces avec une analyse accrocheuse.

L'engagement prévaut sur l'émission de nouvelles, ainsi que des rapports impartiaux sur chaque crypto-monnaie, que l'effort est précieux pour être suivi de près la trajectoire de certains prix, étant une émission de qualité par des experts qui font partie de la communauté de la monnaie numérique.

La dynamique de ces nouvelles, est une grande aide pour en apprendre davantage sur les crypto-monnaies et Blockchain, puisque 2017 est un moyen d'attention à laquelle vont chacun des utilisateurs qui continuent à investir par les crypto-monnaies, a réussi à gagner en précision lors de l'exécution de toute étape.

- **Longforecast.com**

Elle est conçue comme une entité entièrement dédiée à la projection des crypto-monnaies, nommée The Economic Forecasting Agency, étant une spécialité pour mesurer chacun des marchés financiers surtout à long terme, pour cela on utilise des indicateurs qui peuvent fonctionner comme des prévisions précises.

Pour générer le résultat d'un prix futur, des méthodes mathématiques sont développées, de sorte que la statistique elle-même est chargée d'émettre des prédictions, où l'aspect historique ressort, sans oublier l'importance de corréler certains événements ou incidences du marché.

Le côté fort de ce type d'instruments est qu'il est possible de spéculer sur ce qui va se passer, en plus de la mise en place de certains logarithmes qui permettent de réguler toutes les actions qui sont développées en relation avec les crypto-monnaies, étant significatifs pour prendre des mesures à long terme.

En outre, il est essentiel de considérer qu'il existe des outils personnalisés pour chaque type de crypto-monnaie, de sorte qu'une analyse conduit à une autre plus spécifique, c'est-à-dire que lors du choix d'un actif productif, la recherche se tourne vers son comportement particulier sur une base individuelle.

Comment prédire la hausse et la baisse des prix des crypto-monnaies ?

Pour connaître et garder en tête le futur prix des crypto-monnaies, il est essentiel d'analyser les fluctuations qui se produisent sur cet actif, c'est ce qui permet d'éviter les pertes sur l'investissement, où les mouvements du marché peuvent être suivis sous les alternatives suivantes :

- **Transactions dans les maisons de change**

C'est un moyen direct de connaître chacune des fluctuations qui se produisent au sein du marché, donc en suivant ces aspects, vous pouvez connaître les tendances d'achat et de vente de cryptocurrences dans le monde, ce type de données est fourni par les entreprises d'échange de devises numériques.

Les publications en temps réel sont un guide important pour investir avec plus de certitude, c'est un écosystème qui fournit des données essentielles, car elles sont totalement fiables pour reconnaître les bons moments pour investir, donc ce que vous devez vérifier sont les taux de change, et quelques autres informations de ce type.

D'autre part, différents filtres peuvent être mis en œuvre pour distinguer certains mouvements, au milieu de cette dynamique, la hausse et la baisse des prix futurs, vous pouvez visualiser ou au moins spéculer, mais sans se laisser guider par trop d'informations, il est vital de choisir un seul point de référence comme confiance.

Le suivi des clés permet d'éclaircir l'avenir des crypto-monnaies, en laissant de côté toute information superflue, c'est la réponse pour faire un investissement à long terme sur une base beaucoup plus sûre.

- **Forums et chats**

Parfois, au lieu de se contenter d'explorer les informations en ligne, il peut même être question d'un suivi beaucoup plus intense, car il permet de partager chaque information jusqu'à générer un point de vue sur une certaine crypto-monnaie, de sorte que le contact avec des tiers peut être très utile.

Actuellement, il y a un ensemble de chats qui sont ouverts au public, chacun est spécialisé dans une crypto-monnaie, en regardant les informations qui transitent sur ces portails, vous pouvez prendre des mesures optimales, et les changements et les fluctuations sont pris en charge sous ce genre de moyens d'analyse.

La volonté de commenter ce qui se passe sur le marché est une orientation importante, puisque dans certains moments vous pouvez obtenir des indications et même des conseils, mais vous ne pouvez pas pécher pour prendre une décision aveugle, car ils sont des environnements de spéculation, l'un des plus fiables est bitcointalk.org, ou le cas de Cryptonoticias.

• Observation d'experts et nouvelles

Les mouvements d'investissement sont également recréés à l'avance par des experts en crypto-monnaies, leur opinion est précieuse à considérer ou à estimer comme une sorte de conseil, l'essentiel est qu'ils sont des sources qui possèdent des connaissances, mais en même temps qui génère des revenus comme un échantillon de leur sagesse.

Aujourd'hui, vous pouvez trouver des nouvelles qui traitent en profondeur du prix, et surtout gérer les observations sur le comportement des maisons de change, lorsque ces opinions proviennent d'experts, ils peuvent être la clé ou déterminant sur la valeur de l'actif au cours des temps futurs.

Le dévouement à suivre chaque hausse et baisse est aujourd'hui fait par de nombreux experts, cela peut être fait en faveur comme une prise de conscience de la vision professionnelle, ce type de nouvelles ne perd pas de vue le comportement qui existe sur les actifs, qui favorise le marché en même temps.

• Fonction du robot

Actuellement, on utilise des applications qui deviennent le meilleur allié d'un investisseur, cela arrive avec l'outil connu sous le nom de CryptoPing, celui-ci est chargé de surveiller le marché, c'est aussi un utilitaire d'une plateforme pour ne pas perdre de vue les données qui concourent au marché.

Ce type de réseau, suit de près chacun des incidents qui font partie de Poloniex, Cryptoopia, et aussi Bittrex, où il peut être configuré sur l'étude de la cryptocurrency qui est de votre intérêt, c'est-à-dire qu'il s'agit de fonctions qui sont complètement personnalisées, pour recueillir les variables qui en font partie.

Le robot fait partie de la plateforme, et fonctionne directement avec Telegram, bientôt il devrait progresser vers Slack et Discord, la fonction est qu'il y a une émission de données automatiquement, de sorte que quand il y a un phénomène important sur le marché, un signal est émis pour agir.

Mais ce type de robot, pour le moment, se concentre sur les mouvements des maisons de change, mais les prédictions sont la prochaine fonction à inclure, étant une modalité idéale pour avoir le pouls de ce qui se passe à l'extérieur sur le marché, ces mesures font partie de cette concentration ou lecture que le marché mérite.

Actualités sur les crypto-monnaies ayant un avenir

Le décollage de certaines crypto-monnaies peut être une question de temps, donc plus vous pouvez consacrer de l'attention à ces aspects, dans une période de temps peut surgir des gains importants, donc il est essentiel de prendre en compte la sélection suivante d'actifs pour les étudier avant d'investir dans l'avenir.

- **Cryptoeuros**

Cette alternative est associée aux nouvelles qui soutiennent la relation entre la Banque centrale européenne, et l'émission de cryptoeuros, étant un fait qui impose de nombreux avantages à un niveau commercial, surtout pour l'utilisation quotidienne qui a la monnaie numérique sur ce continent, donc il est présenté comme une apparence qui réduit les coûts.

- **Fedcoin**

C'est une crypto-monnaie conçue aux États-Unis, elle est imposée comme un remplacement du dollar, de l'intention de sa conception cherche à être une solution pour les banquiers, car il deviendrait une monnaie internationale et en même temps numérique, ce qui pourrait réduire les risques causés par l'économie elle-même comme l'hyperinflation.

- **Facebook crypto-monnaie**

L'actif qui représente Facebook, connu sous le nom de Libra, est une crypto-monnaie qui a le soutien de plus de 100 entreprises, mais au fil du temps, elle a reçu des modifications qui simulent la dynamique de PayPal, au lieu de ressembler à un modèle traditionnel comme le bitcoin, s'imposant ainsi comme une nouveauté financière au sein d'un réseau social.

Chacune de ces nouvelles ne sont que le début de tout ce qui se passe dans le monde des crypto-monnaies, car il est nécessaire d'être attentif à chaque information qui peut annoncer ce que sera la prochaine consolidation des actifs, vous permet de choisir la crypto-monnaie ou la crypto-monnaie qui va générer de la tendance dans le futur.

Les portails incontournables pour mesurer l'avenir des crypto-monnaies

Dès lors que vous envisagez d'investir dans le monde des crypto-monnaies, il est essentiel de consulter tout le battage médiatique qui l'entoure, car ce sont des données qui influencent le prix futur que cet actif présentera, renforçant toute mesure d'investissement, qui devient une réalité en suivant chaque projet.

Il ne s'agit pas seulement de maintenir des estimations précises, mais aussi de s'impliquer dans chaque tendance ou nouvelle, car ce sont des facteurs de grand pouvoir sur le prix, en s'impliquant de cette manière, des décisions plus rentables peuvent être prises, mais avant d'émettre tout type de classement de sites web à suivre, il est vital de savoir comment distinguer le meilleur pour vous.

- **Collaboration des portails avec des courtiers frauduleux**

Certains sites Web soutiennent ce type d'affaires ou de questions, cela ne signifie pas que les portails sont mauvais, mais que vous ne pouvez pas vous fier entièrement à ce type de média, car il est possible qu'il y ait des emplois ou des accords avec un courtier qui n'a pas de réglementation, donc avant d'investir vous devriez considérer cette question.

- **Fréquence après les publications**

Chaque note publicitaire doit être dotée d'une fréquence, donc vous ne pouvez pas faire confiance à un média qui possède une sorte de publication depuis 2017, car cela signifie qu'il peut être abandonné et même périmé, en outre il est vital de vérifier si les sources sont citées, d'avoir la facilité de vérifier ces données.

- **Simplicité de la navigation**

Ce type de portail peut offrir une grande quantité de contenu, mais lorsqu'il est surchargé, il ne procure aucun avantage, car les informations dont vous avez besoin ne sont pas facilement accessibles.

Sur la base de ces critères, une série de pages web ont été sélectionnées pour faciliter cette recherche, car les nouveaux produits sont présentés de manière efficace et leur niveau de fiabilité est vérifié, comme les suivantes :

1. **Capitalisation du marché des pièces**

Il est considéré comme un portail web entièrement dédié aux crypto-monnaies, il a une liste énorme et complète sur les échanges, ainsi que les prix et les volumes qui sont sur le marché, sous une mise à jour qui est utile pour chaque utilisateur, il a un développement depuis 2013.

En outre, ses données ont été prises en compte par différents médias internationaux, tels que CNBC, Bloomberg et d'autres médias pertinents, tout en fournissant des informations sur toutes les cryptocurrences et en même temps sur les échanges du marché, ce qui permet une analyse personnalisée.

L'exposition de graphiques, s'ajoute également comme des données de grande valeur, où la tendance du marché est suivie de près, ainsi que tous les détails de ces secteurs, sans laisser de côté qu'il y a une liste de sujets et de dictionnaires qui aident à suivre de près chaque mouvement fait par les cryptocurrencies.

Il dispose d'une disponibilité linguistique, aussi bien en anglais qu'en espagnol, et dispose même d'une version mobile, pour faciliter le transfert de cette application, son support d'information se traduit également par un blog complet qui vous permet d'atteindre chaque information sur les questions récentes liées aux crypto-monnaies.

2. **Cointelegraph**

Il est considéré comme l'un des plus grands blogs et le suivi en ligne, il thésaurise tout mouvement sur la cryptosphère, il a été développé depuis 2013, et a des emplacements physiques dans le monde entier, chaque sujet est axé et déterminer les tendances du marché, de sorte que l'approche d'investissement est sûr.

Tout type de données qui est de valeur pour investir, est sur ce portail, à cela est incorporé l'avantage qu'il a de trouver des indices des prix du marché, et aussi l'opinion des experts sur ces résultats, il est essentiel d'apprendre chaque fois sur les cryptocurrencies, a une application mobile, et la disponibilité en espagnol et en anglais.

3. **Coingecko**

Il correspond à l'un des sites web les plus populaires en ligne, il a été créé en 2014, et sa spécialité est basée sur le suivi de près de la croissance de chaque actif, avec un engagement dirigé vers les intérêts de la communauté crypto, d'autre part, les avantages de ce site web sont basés sur l'analyse du sentiment du marché et des utilisateurs.

Le point fort de cette plateforme est qu'elle émet un suivi de la capitalisation du marché, donc les crypto-monnaies sont positionnées en fonction de ce mouvement, avec un enregistrement détaillé de chacune d'entre elles, en plus de l'étude de chacune des bourses, pour créer un forum très détaillé de ce qui se passe dans le monde des monnaies numériques.

L'étude du site est présentée en anglais et en espagnol, ses fonctions peuvent être simplifiées à l'utilisation d'une application qui vous permet d'avoir le scoop lors de la mesure de l'avenir du prix des cryptocurrences.

4. **Coindesk**

Il se présente comme un portail d'information, fonctionne depuis 2013, dispose d'un siège physique, et dispose d'un suivi expert sur chacune des crypto-monnaies du monde, en présentant des articles qui émettent de la clarté sur le prix de cet actif en mesurant son évolution, en suivant de près chaque détail du marché.

Il émet des recherches vraiment spécialisées sur les mouvements des crypto-monnaies, le côté négatif est qu'il a un site web seulement en anglais, mais ses fonctions peuvent être réalisées sous la simplicité d'une application mobile.

Les prévisions les plus importantes concernant les crypto-monnaies

Dans la projection du monde des crypto-monnaies, il y a beaucoup de personnes impliquées, comme le cas de John McAfee, le fondateur de McAfee, qui était chargé de se prononcer publiquement, en prédisant l'augmentation du Bitcoin, vers des chiffres ou des valeurs d'un million de dollars, mais il n'avait pas du tout raison.

Il n'y a aucun doute que le Bitcoin, représente l'une des crypto-monnaies avec la plus grande transaction ou capitalisation, cela prend l'attention de n'importe quel utilisateur aujourd'hui, d'autant plus qu'en 2017 cette crypto-monnaie a dépassé les 20 000 dollars, depuis, elle a vécu beaucoup de hauts et de bas.

Les mouvements de cette crypto-monnaie ont généré jusqu'à un rallye de plus de 300%, étant un chemin haussier qui semble ne pas avoir de fin, ainsi les prévisions sur cet actif abondent sur le marché, au début toute prévision est farfelue, mais avec le temps certaines se confirment.

Dans le cas du Bitcoin, la JP Morgan en tant que banque de grande importance dans le monde, qui a partagé dans

Bloomberg, que la monnaie peut atteindre un prix de 146.000 $, étant une vision à long terme, cela signifie que cela peut ne pas se produire cette année, mais il est présenté comme un pari sur l'avenir.

Le cours de cette crypto-monnaie dans le futur, en l'an 2021 se situe au-dessus de 50 000 dollars, étant un point qui a été dépassé, alors le cours vise alors à être au-dessus de 128 000 dollars surtout pour le mois de novembre ou la clôture de l'année 2021 avec une échéance jusqu'en 2025.

D'autre part, l'agence Reuters présente un prix supérieur à 100 000 dollars pour l'année en cours, cela ne représente généralement que des analyses optimistes, et surtout qu'elles sont proches de la date, donc prendre en compte l'avis de ces experts en crypto-monnaies est une base intéressante.

Les mesures sur le Bitcoin ne sont pas limitées, donc, comme exprimé précédemment, elles atteignent plus d'un million de dollars, étant une ligne positive pour une crypto-monnaie, donc elle est imposée comme une alternative préférée pour investir en pensant au futur.

- **Déterminer l'avenir du bitcoin**

La classification du bitcoin est actuellement haussière, ce qui signifie qu'il est considéré comme un investissement positif pour l'avenir, puisque, au 26 avril 2021, il a une valeur de 54 073,90 USD, donc si vous achetez 100 dollars aujourd'hui, cela représente un total de 0,00185 BTC.

Sur la base des prévisions les plus récentes indiquant qu'il s'agit d'une augmentation à long terme, on s'attend à ce qu'en 2026, elle atteigne une valeur de 160 621 $, ce qui fait que cet investissement de 100 $, en 5 ans environ, aura un rendement de 197,04 %, c'est-à-dire que l'investissement atteindra 297,04 $, ce qui constitue une mesure d'exemple très claire.

Prix et prévisions des contrats à terme sur l'Ethereum

Le positionnement d'Ethereum a déplacé un grand nombre de crypto-monnaies, et les promesses sur ce secteur ne laissent présager qu'une croissance rapide, cela est dû à la rapidité et à l'efficacité de la transaction, ainsi le fonctionnement d'Ethereum, ressemble au Bitcoin, car il possède une blockchain autonome qui a son propre actif.

Ces projets de crypto-monnaies ont actuellement une grande pertinence, ils font partie de la technologie Blockchain elle-même, provoquant des transactions rapides, même au-dessus du Bitcoin, investissant généralement sur cet actif avec une approche spéculative, gagnant de l'argent en faisant un effet de levier.

L'avantage de la croissance d'Ethereum est son fonctionnement en réseau, pour cette raison il a aussi une grande popularité sur la technologie Blockchain, il est essentiel de distinguer Ethereum comme le réseau qui compose la blockchain, au contraire ETH sert comme la forme de paiement, étant la cryptocurrency en réalité.

Le développement de cette dynamique, présente un développement haussier en ce qui concerne l'Ether, où l'incorporation de l'algorithme reconnu comme proof-of-stake influence, en plus des incidences du DeFi, étant un renouvellement de l'Ethereum 2.0 qui est généré au moyen de l'augmentation du Bitcoin, puisque toute l'attention est sur cette cryptocurrency.

Cependant, un grand nombre d'investisseurs, préfèrent se concentrer sur Ethereum 2.0 comme un projet de capitalisation reconnu mondialement, c'est pourquoi les fonds d'investissement ETH 2.0 ont été ouverts ces arguments de valeur croissante, ne font que provoquer un plus grand nombre de personnes à rejoindre ce choix commercial.

La recherche de l'obtention de revenus à grande échelle, a été résolue sous l'enthousiasme que possède la valeur d'Ethereum, où les aspects suivants se distinguent :

- **DeFi**

Ces dernières années, DeFi a connu une croissance remarquable, permettant à la finance d'être entièrement décentralisée et de bénéficier de l'impulsion supplémentaire des dApps. Ces sociétés DeFi permettent d'étendre les services de prêt en se référant à la Blokchain d'Ethereum, par la formation de contrats intelligents d'exportation.

Dans certains cas d'avoir 100 ETH peut être offert au marché, sous un mode de prêt, de sorte qu'un autre utilisateur peut l'accepter à travers les conditions qui sont établies sur le contrat intelligent, en échange de la garantie de l'emprunteur, ce type de service, fait que vous pouvez recevoir un intérêt en échange de l'ETH.

Ce type d'action n'a pas une grande trajectoire, mais il s'agit d'une industrie qui se développe au fil du temps, une grande quantité de projets utilisent l'ETH, la ligne positive est qu'elle a un impact positif, donc la chose la plus recommandable à faire est de suivre de près ces mises à jour.

- **Incorporation du Sharding**

Le sharding devient connu comme un processus où le réseau Ethereum est divisé, les zones dans lesquelles il est distribué sont connues sous le nom de "shards", provoquant un grand nombre de transactions en même temps, l'algorithme impose que chacun des nœuds incorpore des données, pour atteindre un consensus informatique.

Au même rythme, le réseau Ethereum s'est développé progressivement, mais cela provoque à son tour le nombre de transactions et de mineurs, donnant vie à un goulot d'étranglement, mettant à l'épreuve face aux limitations techniques, avec la capacité du système qui permet de réaliser chaque action.

Ce genre de situation, a été traité par la fragmentation, étant un autre type de fonctions de traitement de données, mais ces améliorations n'ont pas été intégrées, mais Ethereum 2.0

a été créé comme il est développé comme un système indépendant qui dépasse la structure originale, cela s'est passé le 2 Décembre 2020.

- ## **Ethereum en 2021**

L'ETH a été affecté par une partie de la hausse du Bitcoin, car cette même tendance à la hausse s'applique à cette crypto-monnaie, lorsque la hausse du Bitcoin se stabilise, cela a également un impact sur les autres actifs, ce qui signifie que lorsque le Bitcoin est au plus haut, il en va de même pour l'ETH.

La valeur de l'ETH augmente généralement en dollars, grâce au soutien des prix des autres cryptocurrences, bien qu'à travers différentes études, il est visualisé que la relation entre l'ETH et le BTC diminue, mais l'Ethereum reste un moyen idéal pour générer de grands profits, cependant, chaque projet est exposé à l'échec.

- ## **Prévisions des experts en négociation**

Derrière les fans de l'Ethereum, il y a un grand encouragement pour le lancement de certains dérivés comme le CME, étant une émission prévue pour le 8 février 2021, cette théorie est défendue par Tyler Smith, étant un véritable défenseur de l'ETH, qui tient son point de vue sur le bull run des cryptocurrencies.

D'autre part, les transactions à terme sur l'Ethereum sont fournies et suivies par les principales institutions financières du monde, de sorte que l'investissement dans l'ETH est plus sûr et avec une réglementation qui génère la confiance, ils exigent donc que les produits dérivés de l'ETH soient fiables.

Ce type d'action de la CME fait partie de la poussée qui élèvera le prix de l'ETH, étant le point le plus réalisable pour que l'Ethereum atteigne un record en 2021, surtout avec la portée positive que le prix du BTC a, étant une influence pour s'installer sur l'ATH comme une suite positive.

Estimations futures sur Nano

Nano a été lancé en 2015, et depuis lors, il a été présenté comme une crypto-monnaie open source, en plus d'avoir un mouvement de marché durable, car il corrige certaines inefficacités d'autres crypto-monnaies, il est développé sous un réseau très rapide et gratuit pour être accessible.

Cependant, le développement de cette crypto-monnaie, effectue le test de la participation déléguée, cherchant à ce que les délégués puissent participer afin qu'il n'y ait pas de transactions frauduleuses entre les deux, les prédictions sur Nano par Wallet Investor, est qu'il présentera une chute d'ici la fin de 2020.

D'autre part, les études de Trading Beasts, restent optimistes, car ils fournissent une prévision de croissance, qui peut être autour du prix de 1,99 USD, tandis que Crypto Info Base, a détaillé qu'en 2025, il présentera une croissance allant jusqu'à 4,3 USD, cela est dû au fait que le travail persiste encore sur cette cryptocurrency pour augmenter la vitesse.

C'est-à-dire qu'avec un mode de fonctionnement ou de négociation beaucoup plus efficace, il peut faire monter le prix à la fin de l'année, de sorte que la prédiction indique ou recommande des investissements allant jusqu'à 5 ans, pour présenter une évaluation finale de 21 501 USD, ce qui peut être impossible maintenant, mais à l'avenir, cela peut être une source de revenus.

Prévisions du prix du dogecoin

Le traitement et le respect de la crypto-monnaie Dogecoin, peut devenir un succès économique, c'est aussi un actif qui a le soutien et le suivi de la communauté, surtout parce que sa naissance ou son origine est associée à un mème, qui fait qu'une blague prend de la valeur et s'implique dans une capitalisation de 300 millions de dollars.

Le succès progressif de Dogecoin, qui génère une certaine attente sur la prédiction du prix, dans l'histoire qu'il représente, est associé au code utilisé pour Litecoin, mais sa véritable qualité est son approche amusante utilisant l'humour comme une campagne elle-même pour le présenter au monde.

Depuis le début de la crypto-monnaie, elle a été mise en œuvre sur des programmes de charité, et tout autre type de thème similaire, de sorte qu'elle gagnait la confiance du marché, où la communauté Reddit avait beaucoup à faire avec sa connaissance, en plus d'autres types de plateformes sociales.

La capitalisation boursière de Dogecoin n'a été prévue par aucun analyste, puisque, malgré une chute saisissante, elle a encore enregistré des points hauts, ce qui en conclusion en fait l'une des 30 pièces les plus remarquables du marché, avec un retour sur investissement de 300%.

La notoriété que cette crypto-monnaie possède, au-delà d'une projection baissière, est due à des investissements à court terme, ce qui fait que les prévisions ont davantage à voir avec une analyse détaillée de ses mouvements actuels, à quoi s'ajoute le fait que plus la notoriété qu'elle atteint est grande, plus elle continuera à être une crypto-monnaie tendance.

Dans les pays où le système financier est soumis à des dévaluations, l'incorporation de Doge ainsi que de Dash a servi de solution, ce qui fait que son utilité est attachée à une alternative différente des monnaies fiduciaires, ce type d'impact a placé le prix du Dogecoin, dans une augmentation allant jusqu'à 100%.

Ce genre de réaction du prix a été obtenu grâce à une publication virale sur TikTok, et qu'une ferme minière a été exposée, mais avant cela, il est vital de prendre des précautions pour ne pas prendre des décisions d'achat basées sur certaines publications, mais les échanges ont augmenté lorsque cette crypto-monnaie a été intégrée par Binance.

- **Analyse technique pour le Dogecoin**

Grâce à TradingView, différentes analyses sur le Dogecoin ont été ajoutées, mais il est essentiel de prendre en compte qu'il y a très peu d'expérience sur ce type d'étude, donc en visitant la plateforme mentionnée comme un outil, il peut être utilisé pour avoir de la clarté sur la prise de décisions d'achat.

Indépendamment du faible coût de cette monnaie, il n'est pas un obstacle au niveau de popularité qu'elle possède, c'est ce qui lui permet d'avoir un taux durable, et le pourcentage à baisser est minime, en plus de faire partie de la même proportion qui a été prédite pour l'avenir.

Sur la base des résultats pour mesurer la croissance de Doge, il est estimé pour l'année 2020 et 2025, à travers les sources de WalletInvestor, il propose une mesure de 1 dollar, c'est le rêve des utilisateurs qui appartiennent à Reddit, étant un résultat très attendu à l'heure actuelle, l'essentiel est qu'il est toujours vivant, quand beaucoup ont prédit le contraire.

- **Approbations d'Elon Musk et d'autres célébrités**

La ligne haussière de Doge a été prolongée lorsque des célébrités telles qu'Elon Musk et Snoop Dog se sont exprimées en sa faveur, ce qui a constitué un coup direct sur la tendance. Mieux encore, il est disponible pour les petits investisseurs, avec une grande espérance de profiter de la réévaluation du marché.

Le prix d'une partie de cette crypto-monnaie a augmenté de manière significative atteignant 10,5 milliards de dollars, pour cette raison, elle est très appréciée dans le monde entier, la rupture de la hausse a été motivée par le soutien d'Elon Musk comme mentionné ci-dessus, l'intérêt augmente en raison de ces événements.

Ce genre d'actions, recommandent ou font penser qu'Elon Musk agit comme une sorte de parrain sur cette communauté, cela a été rejoint par d'autres types de personnalités qui émettent un soutien clair, ce genre d'influence est en train de créer une tendance, étant un moment qui, à court terme, en fait un actif rentable.

Prévisions de prix XDAI

Au milieu des lancements du monde des crypto-monnaies, POA Network s'est joint en présentant la monnaie native qui rejoint cette dynamique stable en USD, celle-ci est connue sous le nom de XDAI Chain, elle est connue comme une chaîne compatible pour faire partie d'Ethereum, par DAI étant une monnaie native qui appartient au réseau.

La connaissance, et en même temps la technologie que possède POA Network, fait partie de la composition de DAI, mais son lien est directement avec le dollar américain, où il est à son point culminant, car il a la capacité de réaliser de faibles transactions, à des temps de transaction rapides.

En raison de ce type de caractéristiques, il s'agit d'une crypto-monnaie utilisée pour effectuer des transactions quotidiennes, sans oublier que XDAI est conçue comme un dérivé de la crypto-monnaie DAI, ce qui en fait une crypto-monnaie liée à un actif stable.

Pour que la tendance à la hausse se produise, il est essentiel d'obtenir la mobilité XDAI, via l'application mobile Dex Wallet, ainsi que le portefeuille mobile Poketto XDAI, bien que ces deux options ne soient disponibles que pour l'iPhone, afin de profiter des frais de transaction et de la rapidité de chaque transaction.

La distinction que cette crypto-monnaie a avec DAI, est basée sur le fait qu'elle est dans la blockchain du réseau qui fait partie d'Ethereum, mis en œuvre comme une sortie utile face à une sorte d'inflation qui est confrontée localement, donc il est pertinent à tous les égards.

Analyse du prix à terme de Ripple (XRP)

La crypto-monnaie Ripple XRP est considérée comme l'une des crypto-monnaies les plus pertinentes au niveau mondial, c'est pourquoi elle constitue une alternative très prometteuse, notamment parce qu'elle ne postule pas la décentralisation comme l'un de ses avantages, puisqu'elle a des liens avec des banques et même de grandes sociétés d'investissement.

Ce facteur différentiel est ce qui aide Ripple à avoir une marge de succès, au-delà de ce que dans le monde des crypto-monnaies est imposé comme une règle, la préférence sur décentralisé, dans ce cas, c'est tout le contraire, c'est un sceau attrayant, même si elle complique d'émettre une sorte de futur sur ces associations.

Mais avant d'avancer dans les estimations futures sur cet actif, il est essentiel de préciser que Ripple représente la société, au contraire XRP est présenté comme une monnaie interne du protocole, cette crypto-monnaie présente un historique de prix qui est le véritable guide de révélation pour tout investisseur.

Le prix actuel du XRP affecte directement chaque hausse et baisse, ainsi que l'état du marché, car un prix est fixé en fonction du degré de compétitivité. L'année dernière, cette crypto-monnaie a montré un comportement haussier, et en même temps une tendance à la baisse à moyen terme.

Il est essentiel de reconnaître que les tendances de Ripple sont positivement liées aux mouvements du BTC, ce qui signifie que même une baisse du Bitcoin peut affecter le prix du XRP, ce qui le positionne comme une crypto-monnaie qui répète la même tendance se produisant sur le marché primaire.

Mais de la même manière, certains événements peuvent déterminer la direction du prix, tout comme le sentiment des investisseurs, bien que le facteur de l'offre et de la demande joue toujours un rôle important, et il a été déterminé que les accords conclus avec les principales banques sont ce qui fait bouger le prix du XRP.

Normalement, ces événements n'ont pas d'effets à court terme sur le marché, mais deviennent visibles après une période un peu plus longue. Historiquement, Ripple a été soumis à la surveillance de la Securities and Exchange Commission, où il s'est défendu en tant que monnaie et non en tant que titre.

- **Les prévisions derrière Ripple**

L'environnement des crypto-monnaies est totalement volatile, c'est pourquoi il est compliqué d'émettre des fourchettes futures, elles ont toutes une estimation inflationniste, concernant l'analyse technique qui a été faite sur Ripple, c'est une mesure risquée, car sa croissance est fortement liée au projet.

Dans les années à venir, XRP se positionne comme l'une des monnaies avec la plus grande quantité de changements à venir, car, à partir de 2021, un grand nombre de collaborations financières seront présentées qui affectent le prix, à tel point qu'il peut atteindre ou dépasser 2 $.

Chaque analyste prend comme base principale les événements dans lesquels cette crypto-monnaie est impliquée, donc un fort impact est attendu dans le futur, pour que globalement elle reste une des monnaies numériques avec la plus grande capitalisation boursière, il est crucial de suivre de près les plateformes de prédiction.

Toutes les tendances derrière Dash

Les coutumes au sein de l'exploitation minière, sont divisées grâce à l'impact ou la structure que Dash a sur son propre écosystème, comme ils sont des étapes échelonnées jusqu'à ce qu'ils présentent l'exécution des services de paiement Dash, en utilisant un canal Instasend comme un moyen d'opérer plus rapide et plus faible par rapport aux autres.

En utilisant Privatesend, chaque utilisateur peut émettre des transactions de manière anonyme, ce qui le rend intraçable, même par rapport aux transactions effectuées sur le réseau Blockchain, ce qui est une qualité très intéressante, tout cela grâce au fait que le Dash est inscrit sur un grand nombre d'échanges cryptés.

Au-delà du fonctionnement ou de la dynamique particulière que possède cette crypto-monnaie, certains facteurs susceptibles d'évoluer doivent également être pris en compte, tout d'abord, en raison de la volatilité caractéristique de ce marché, mais il existe des détails qui peuvent être pris en compte pour émettre une analyse juste à l'avenir.

Par exemple, Long Forecast présente la vision que Dash aura un comportement baissier, chutant jusqu'à 70%, tandis que Wallet Investor soulève encore plus la tendance pessimiste sur l'avenir de cette crypto-monnaie, l'essentiel est qu'il s'agit d'une crypto-monnaie qui offre la sécurité aux utilisateurs.

La question de la sécurité est due au fait qu'elle dispose de 4500 serveurs, avec un hébergement dans le monde entier, ce qui fait que les transactions sont effectuées rapidement, ce qui est une qualité qui la place au-dessus des autres crypto-monnaies, et depuis son lancement, elle n'a cessé d'évoluer.

L'application mobile a été une réponse utile dans cette sphère, ce qui en fait un point d'investissement évolutif. En outre, des programmes de paiement sont ajoutés, ce qui permet d'investir sur cette plateforme de transaction.

Estimation du prix futur de Cosmos (ATOM)

Une option préférentielle dans le monde des crypto-monnaies est Cosmos (Atom), dans le cas de Cosmos, il est établi comme une plateforme Blockchain, de caractère Open Source, qui cherche à s'installer comme l'Internet des Blockchains, provoquant que plus de réseaux de ce type peuvent se joindre, profitant ainsi des avantages.

Chacune des blockchains qui font partie de Cosmos, permettent d'échanger les jetons, entre chacun d'eux est un morceau du réseau, cela se produit dans le cadre d'un développement natif, il est donc une communication elle-même qui fournit Cosmos, ainsi chaque année cherche à résoudre toute situation de l'évolutivité.

L'incorporation d'outils est ce qui fait que plus d'utilisateurs s'y intéressent, dans le cas du paiement par jeton, il est conçu comme Atom, étant employé pour payer les frais de paiement pour les transactions effectuées sur la Blockchain, détient un rang de capitalisation inférieur à la 20ème place mondiale.

• Gamme de prix de l'Atom

Le coût ou la valeur de l'atome, en janvier 2021, est soutenu par une mesure inférieure à 6,00 $, puis a présenté une rupture de la résistance, atteignant jusqu'à un prix de 7,16 $, mais cela ne s'est pas arrêté, mais a compté avec une correction des prix, atteignant jusqu'à 17,32 $.

Ce type de reprise indique qu'après une baisse, elle est capable d'atteindre son maximum historique, d'autre part, il y a la mise en œuvre de l'analyse technique, cela peut être fait au moyen d'un logiciel spécial qui résout des questions mathématiques complexes, et étudie les données historiques pour prédire l'avenir.

La qualification technique pour suivre la valeur de cette crypto-monnaie, peut être effectuée avec Digital Coin Price, qui indique que dans l'année 2028 il est capable d'atteindre une valeur de 86,58 $, donc il est établi comme une crypto-monnaie idéale à long terme.

D'autre part, les estimations de Crypto Currency Price Prediction, vient calculer une dimension plus grande à la précédente, où l'année 2025 se situe sur 976,23 dollars, c'est une aide pour tirer des conclusions sur l'avenir de cette cryptocurrency, vous pouvez vous renseigner sur chaque site web, puis faire une moyenne de ces mesures.

Évolution et prévisions des prix du chilis

Connaître le prix ou la valeur de Chiliz, correspond à la popularité qu'il présente sur le marché, surtout après la clôture de 2020, le côté attractif de cette crypto-monnaie est installé sur la tendance à la hausse qui est présentée, dans le cas d'Altcoin Exchange, a présenté des prévisions très positives sur cet actif.

Chiliz est postulé comme une monnaie numérique attachée au monde des plateformes sportives, il est beaucoup plus connu par son acronyme CHZ, cela fait partie de la philosophie derrière ce token qui fait partie des actions de la Blockchain Ethereum, de cette façon il a été sélectionné comme une crypto-monnaie de la plateforme Socios.com.

La fondation de cette crypto-monnaie, associée au pays de Malte, a une relation étroite avec le monde du sport, notamment pour être proche des clubs et des fans, puisqu'à travers cette monnaie ils peuvent avoir le droit de voter pour leurs clubs préférés.

Le réalisme de ce type d'économie fait que l'avenir de cette monnaie suit un chemin positif, c'est pourquoi les grands investisseurs se positionnent sur cette opportunité, une hausse est donc attendue lorsque de bonnes nouvelles ou prédictions pour les Altcoins arrivent, et en termes généraux, la monnaie est actuellement élevée.

Mais avant d'atteindre un autre sommet, la chose la plus habituelle est que cette projection descend, mais il est préférable ou une règle de ce milieu, d'arriver à acheter quand il est dans le rouge, au lieu du vert, de sorte que l'élan vers le bas peut être profité et cité d'une manière large.

Polkadot et son avenir proche sur la gamme de prix

L'expansion des crypto-monnaies dans le monde, atteint l'arrivée de Polkadot, qui est une monnaie à considérer, parce qu'il a été placé dans le top 10 des plus échangés, au-dessus que beaucoup ne l'ont pas pris en compte, et ce généré qu'il est apparu sous l'ignorance, a seulement commencé à causer un remous.

La tendance à la hausse qui compose cette monnaie, fait que son suivi est une tâche en suspens sur l'environnement des crypto-monnaies, en seulement un mois et demi, sa valeur a augmenté jusqu'à six fois, de même les derniers mois de cette année et l'année dernière, ont postulé une réponse favorable à cette croissance.

Au milieu de la Blockchain publique, cette crypto-monnaie a été introduite comme une option de connectivité, pour ce qui concerne les chaînes latérales personnalisées, qui est prévu selon les études pratiquées sur la base de cette dynamique, est d'atteindre une valeur de 96,54 $ en 2022.

- **Détails du prix de Polkadot à prendre en compte**

L'organisation et l'établissement de l'ICO ont été appliqués sur Polkadot, ce qui l'a amené à atteindre jusqu'à 140 millions de dollars, puis à vendre la moitié de cette offre, calculée ou estimée à 10.000.000 DOT, à quoi s'ajoute une grande quantité de pertes subies par la société.

Compte tenu de ce scénario commercial, un cycle de vente privée a été mené, à partir de 2019, jusqu'à une réitération en 2020, au moment de la réalisation de l'ICO, la crypto-monnaie pouvait s'échanger à au moins 30 dollars, mais en août 2020, toutes ces propriétés étaient maîtrisées.

Il ne fait aucun doute que cette crypto-monnaie a vécu une grande escalade, puisqu'au début elle comptait avec une valeur de 5,2 dollars, jusqu'à ce qu'elle fluctue au fil du temps, jusqu'à atteindre une tendance à la hausse qui l'a catapultée à 7,68 dollars, mais avec des rechutes qui ont entrecoupé ce type de mouvement.

Au milieu de l'année 2021, le prix du DOT est d'environ 15 dollars, un point très frappant, et en février de cette année, il a établi une marque historique en atteignant 42 dollars. Pour comprendre ce genre d'impact futur, il faut suivre la dynamique de ses créateurs, qui le façonnent comme une plateforme web 3.0.

Ce qui est remarquable, c'est que, sur sa structure interne, il a une blockchain dans les minutes complètes, d'autre part, cet écosystème a un pouvoir d'intervention de votes, de sorte que les propriétaires de la monnaie DOT peuvent intervenir, causant que chaque décision des actionnaires, a un impact sur le prix.

Chaque avance sur ce type de projet génère un changement du prix, et c'est ce qui en fait un investissement vraiment attractif, puisqu'il s'établit comme une monnaie accessible, et l'augmentation de la liquidité est un autre point notoire, car cette année dans ses derniers mois, on estime que la monnaie atteindra une valeur allant jusqu'à 79,58 dollars.

Selon les experts, ils expriment que le prix du DOT est imposé comme une croissance constante, en plus la fréquence de chute est minimale, mais ce sont des comportements qui ne peuvent pas être complètement prédits, puisque l'oscillation a un rythme autonome, étant complexe à contrôler.

En 2020, une phase intéressante pour gagner des revenus grâce à cette crypto-monnaie se profile, car elle peut frôler un montant beaucoup plus élevé au prix de 83,15 dollars, et en 2023, la vision est ancrée au-dessus de 96 dollars, ce sont donc des valeurs vraiment accrocheuses.

Cela montre qu'il y a de multiples raisons d'investir dans Polkadot, principalement pour s'approcher de tout ce qui est lié à son avenir en matière de crypto-monnaies. En outre, Polkadot résout les problèmes spécifiques aux blockchains, car ses chaînes ne s'engorgent pas et leur développement est encore moins lent.

Les prix à terme de VeChain comme échantillon prédictif

Les projets dédiés à la Blockchain et à son utilisation, correspondent à l'origine de VeChain, cette plateforme a une gestion qui fait partie de la chaîne d'approvisionnement sur son noyau, au milieu de cette dynamique financière a impliqué la pharmaceutique Bayer, en plus elle a été intégrée à Walmart.

La volatilité que cette crypto-monnaie présente, peut être interprétée dans le futur, même si elle ne possède pas une sorte de garantie, c'est un début pour prendre le risque d'investir, pour avoir la clarté sur ce sens, il est nécessaire de mettre en œuvre l'analyse technique, en plus des mouvements de prix, d'imposer des métriques qui aident à suivre ces détails.

Au milieu des sites web leaders en matière de prédiction, TradingBeasts, et Wallet Investor, ont une mesure maximale de 0,000816 dollars, étant un facteur à considérer au moment d'opter pour cette cryptocurrency, et on croit même qu'ils pourront l'acheter pour 4,10 dollars, augmentant l'intérêt pour ces mesures.

Conseils pour calculer la valeur future d'une crypto-monnaie

Beaucoup de doutes surgissent sur la croissance soudaine d'une crypto-monnaie, car dans le cas du bitcoin, alors que beaucoup étaient sceptiques sur cette idée d'investissement qui avait une valeur de 5 700 USD, elle a atteint plus de 45 000 USD, c'est-à-dire qu'il y a un changement de magnitude, qui, si nous pouvions le prédire, beaucoup généreraient de l'argent à long terme.

Pour arriver à la détermination d'un investissement réalisable ou non sur une cryptocurrency, il est essentiel d'étudier le potentiel de la même, donc pour comprendre comment cela peut être étudié, il est vital de considérer qu'il y a différentes variables qui tournent autour de la valeur d'une cryptocurrency, surtout quand il s'agit d'une mesure prospective.

Le soutien de différents outils est une solution idéale, car l'évaluation fournie par les informations de https://www.coinmarketcap.com/, vous pouvez commencer à déterminer le véritable potentiel d'une crypto-monnaie, où les aspects ou les variables suivantes doivent être étudiées :

- **Capitalisation boursière (Market cap)**

Il correspond comme l'un des éléments les plus basiques, et en même temps de plus grande pertinence pour prédire l'avenir d'une crypto-monnaie, puisque c'est le montant qui est investi sur l'actif, c'est une somme de tout ce qui est attribué dans le monde sur cette crypto-monnaie.

Il est essentiel que ce concept soit adopté comme une jauge pour établir la maturité du marché, afin de pouvoir comparer l'un à l'autre, afin de pouvoir estimer combien de fois ou de combien la capitalisation est plus élevée ou plus faible sur un actif que sur un autre, pour chaque marché cela est différent.

- **Prix**

Elle fait référence à la valeur de chaque crypto-monnaie, qui est en même temps sous l'influence de la capitalisation du marché, en plus du montant ou du volume qui circule sur ce support commercial, puisqu'elle fournit le montant total qui a été miné jusqu'à la date actuelle observée.

Cela signifie que le prix est fixé par l'offre de la crypto-monnaie, pendant une période de temps déterminée, c'est pourquoi il finit par être un mélange entre la capitalisation et la valeur circulante, étant deux éléments de grande pertinence pour étudier une crypto-monnaie, puisque le prix est le résultat de la division de ces deux éléments.

- **Alimentation en circulation**

Il est conçu comme un approvisionnement de la crypto-monnaie, parce que comme l'obtention de crypto-monnaies vient de l'exploitation minière, comme cette action augmente, la monnaie en circulation augmente aussi, sous cette base est que la fluctuation se produit.

Pour mesurer cet élément, il est nécessaire de localiser la capitalisation de la crypto-monnaie, avec la monnaie circulante, pour effectuer le calcul et obtenir le résultat final comme le prix de l'actif trouvé sur le marché.

- **Volume (24h)**

Il est classé comme un montant ou une valeur qui correspond à la monnaie fiduciaire, il englobe chacune des transactions qui ont été effectuées pendant 24 heures sur la crypto-monnaie, cet élément fait partie d'un indicateur de grande pertinence, notamment pour effectuer un trading ou investir à court terme.

Le résultat de cette mesure indique s'il existe un niveau de liquidité, en plus de mesurer la faisabilité d'effectuer des transactions sur cette crypto-monnaie, lorsque celle-ci est omise, il peut être complexe de vendre l'actif par la suite, car il sera soumis à un très faible niveau de transaction.

Ces aspects peuvent être considérés ou adaptés pour un investissement à long terme, en connaissant la politique d'émission de la crypto-monnaie, c'est-à-dire que dans le cas du bitcoin, il a une limite d'extraction jusqu'à 21 millions, une fois ce chiffre atteint, il n'y a pas d'option pour obtenir une sorte de pourcentage de cette crypto-monnaie.

Un tel scénario exige des détenteurs de bitcoins qu'ils distribuent la valeur de la capitalisation. Comme pour cette crypto-monnaie, il existe également des limites pour les autres monnaies numériques qui dépendent de certains algorithmes programmés et dont les détails sont très spécifiques.

Sources pour prédire l'avenir des crypto-monnaies

Les conditions du marché représentent une estimation clé, quand on cherche à prédire l'avenir des crypto-monnaies, tout ce qui se passe avec cet actif est important, pour opérer avec une vision plus claire sur l'avenir de la même, pour avoir un chemin réussi, il est essentiel de considérer les prédictions sur les crypto-monnaies.

Pour prendre une décision, il est essentiel de se renseigner sur les sources qui font l'objet d'une enquête active, car les prédictions sont recherchées, il y a une vision de ce qui nous attend sur le marché, pour créer un plan réalisable, bien qu'aucune recommandation ne puisse être prise pour argent comptant car elle peut être frauduleuse.

Au lieu de cela, les sources suivantes, qui ont fait leurs preuves, constituent une aide complète pour identifier les voies possibles :

1. **Trading-View**

C'est une source de grande confiance, car en consultant cette plateforme vous trouverez des outils importants tels que des graphiques, ceux-ci peuvent être utilisés à votre convenance pour effectuer des calculs d'investissement futuristes, ses fonctions sont accessibles aussi bien aux débutants qu'aux utilisateurs avancés.

Grâce à cette plateforme, le comportement des crypto-monnaies peut être mesuré, étant la clé pour prédire comment il se comportera dans un certain temps, donc cette alternative est choisie pour avoir une avance précise et est utilisée par des investisseurs expérimentés, formant une communauté qui fournit des connaissances.

2. **Finder.com**

Elle est connue comme une source d'information sur l'avenir des crypto-monnaies, ses avancées sont basées sur la consultation d'experts financiers, pour émettre différentes prédictions sur un actif, il ne fait aucun doute que le travail de cette plateforme se concentre sur la finance et la technologie, à travers les discussions de professionnels.

3. **BitcoinWolf.com**

C'est une plateforme idéale pour obtenir des prédictions sur chaque crypto-monnaie, elle dispose d'un chat qui permet d'établir des connexions importantes pour l'avenir, c'est une fonctionnalité pour bénéficier des informations qui transitent dans ces médias, cette conversation avec d'autres investisseurs est une expérience unique.

D'autre part, ce média permet des alertes en temps réel, de recevoir tout changement sous l'analyse technique, ou tout conseil, c'est vraiment le bon endroit pour réfléchir à l'avenir de toute crypto-monnaie, surtout avec les contributions d'experts qui imposent une vision différente.

L'attention est investie directement sur la position d'investisseurs expérimentés, en plus de suivre de près ce qui se passe dans le secteur, ces sources créent donc une véritable recommandation, pour que l'investissement soit pleinement rentable, ces prédictions doivent être suivies à court et à long terme.

Mettre en œuvre l'analyse technique pour mesurer l'avenir des crypto-monnaies.

L'analyse technique est une étape fondamentale, car elle permet d'utiliser commodément les données du marché, pour déterminer l'avenir de certaines cryptocurrency, pour cela différents facteurs sont inclus, où le volume et le mouvement sont inclus, d'autre part, il y a aussi l'analyse fondamentale pour déterminer les thèmes ou les questions de la valeur.

La concentration de l'analyse technique, est établie comme l'étude des modèles, et en plus des outils graphiques, analytiques, comme cela permet de visualiser une certaine faiblesse et la force qui fait partie des cryptocurrencies, tous sous les modèles qui peuvent révéler l'avenir de la même.

Ce processus mentionné, peut être réalisé sur n'importe quel type de crypto-monnaie, puisqu'il s'agit d'une action traditionnelle sur les actions, mais actuellement la fixation d'un prix, dépend de tout, chaque variable finit par influencer, mais que tout peut être décomposé au moyen de la demande actuelle.

Mais au milieu de cette étude, il comprend également même la demande future, ce qui correspond à un regard sur le passé, tout cela sont des attentes importantes pour les traders, cela aide à avoir plus de connaissances sur la crypto-monnaie, donc cette analyse a un impact direct sur le prix et ce qu'il suggère dans les temps ultérieurs.

Ce fait ou résultat est destiné à établir une psychologie au sein du marché, et en même temps utiliser cette lecture pour étudier la crypto-monnaie, donc chacun des mouvements liés au prix sont inclus, puisque ceux-ci ne sont pas du tout aléatoires, car ils sont une réaction elle-même d'une certaine tendance, soit à court ou à long terme.

Au milieu de cette lecture, il convient de fixer comme principe clé, que lorsqu'une crypto-monnaie suit une tendance, cela signifie également qu'après un certain temps, elle suivra une tendance opposée, donc en suivant la tendance actuelle, des gains de plus haut niveau peuvent être obtenus.

La principale fonction de l'analyse technique est de démontrer une large préoccupation pour ce qui se passe, en laissant de côté la raison pour laquelle le mouvement a été généré, puisque la concentration est largement dédiée à l'offre et à la demande, afin de réduire les ravages d'un grand nombre de variables.

- **Lecture des graphiques en chandelier**

Il s'agit d'un aspect essentiel à mesurer dans le cadre de cette analyse, elle est réalisée au moyen de graphiques, elle est utilisée au moyen de chiffres, plus connus sous le nom de graphique en chandelier, au début, il est complexe à comprendre, mais lorsque vous apprenez chaque détail, tout change et s'améliore.

Le développement du graphique en chandelier est imposé ou reçoit ce nom, grâce au fait que chaque point a une grande ressemblance avec une bougie, car ils sont des rectangles rouges ou verts, ont également une ligne qui dépasse en haut ou en bas, de sorte qu'il obtient une visualisation comme une mèche d'une bougie.

En se basant sur la taille du chandelier, ainsi que sur la forme de la ligne et la couleur qu'elle possède, il y a des informations cruciales sur un échange qui ne peuvent pas être négligées, au milieu de cette évaluation vous devez reconnaître qu'en haut et aussi en bas, il y a les prix d'ouverture et de fermeture que la crypto-monnaie possède.

Dans le cas des chandeliers verts, ils sont chargés d'établir que la valeur de la crypto-monnaie a augmenté, ce qui fait que le prix d'ouverture se trouve dans la partie inférieure, tandis que le prix de clôture se trouve dans la zone supérieure.

Lorsque des bougies rouges sont présentes, cela signifie que la valeur de la crypto-monnaie a baissé, entraînant le changement de l'ordre précédemment expliqué, c'est-à-dire que le prix d'ouverture devient dans la zone supérieure, tandis que le prix de clôture est dans la partie inférieure.

D'autre part, la mèche peut dépasser du chandelier, à travers n'importe quel écart ou extrême qui fait partie du chandelier, cela montre que les prix ont atteint le point le plus bas ou le plus haut de tout le parcours historique de la crypto-monnaie, étant une clarification utile pour prendre en compte le degré de volatilité du marché.

- **Lignes de tendance**

Ils font partie de l'un des éléments clés de l'analyse technique, il est donc important de connaître les lignes de tendance, car elles éclairent ou fournissent la direction dans laquelle la crypto-monnaie se déplace, cela sera accompagné de discernement pour déterminer les chemins qui possèdent cet actif.

La nature de la volatilité, il est approprié de trouver la tendance qui est projetée soit vers le haut ou vers le bas, ceci sous un développement sur les hauts et les bas, et même ces tendances peuvent se déplacer latéralement, ce qui complique encore plus l'image globale, divers logiciels incluent des lignes de tendance sur le tracker du marché.

L'inclusion de cet élément dans l'analyse peut se faire automatiquement ou manuellement, mais cette dernière option requiert un niveau de précision plus élevé pour que les prédictions puissent être utilisées de manière productive, et la méthode pour tracer cette ligne change en fonction de l'analyse utilisée.

Normalement la ligne de tendance est placée au point exact du prix le plus bas du chandelier, puis elle peut être prolongée jusqu'à ce que la ligne entre en contact avec le point le plus bas, il est essentiel de maintenir un soin de ne pas atteindre les minimums exacts pour les deux points, ils sont donc des ajustements très prudents.

- **Niveaux de soutien et de résistance**

Dans le milieu de la compréhension de l'analyse technique, le support et la résistance ne peuvent pas être négligés, ces lignes horizontales peuvent être dessinées sur le graphique de trading pour trouver un certain nombre de données importantes sur la crypto-monnaie.

Dans le cas du niveau de soutien, c'est un point où il est établi à quel point vous voulez acheter la crypto-monnaie, cet aspect est directement lié à la demande, de sorte que lorsque le prix s'approche du point du niveau de soutien, la demande est générée, étant celle qui aide à soutenir l'effondrement de la crypto-monnaie.

Dans les comportements de cet actif, ce scénario peut changer ou présenter un élan vers le haut, mais le niveau de résistance a à voir avec le contraire, puisqu'il s'agit d'un niveau élevé d'offre sans recevoir un niveau élevé de demande, étant un comportement qui indique que le marché considère l'actif comme cher.

C'est cette résistance à l'achat qui fait que la valeur de l'actif atteint le niveau de résistance, lorsqu'il est à ce point, il y a une surabondance de l'offre, de sorte que le prix baisse à nouveau, ces variations sont donc très perceptibles, elles sont mesurées au moyen de la ligne de résistance et permettent d'obtenir une image claire des mouvements.

Lorsqu'elle est établie sur l'analyse technique, l'étude de la rupture des niveaux de support ou de résistance, car c'est un moyen de visualiser la force de la tendance actuelle, puisqu'elle gagne en puissance lorsque le niveau de résistance devient le niveau de support.

- **Volumes de transactions**

Le suivi du volume des transactions peut être interprété comme une aide à l'établissement d'une tendance significative. Dans ce scénario, un volume de transactions élevé peut être le signe que le comportement ou la tendance doit être pris en compte ou, au contraire, qu'il existe une tendance faible qui peut être inversée.

La connaissance au sein de cette évaluation, doit vérifier que le volume d'échange descend dans le prix, il est vital de trouver un faible volume sur les baisses et des volumes élevés à travers les augmentations, car cela signifie que la crypto-monnaie compte avec une tendance saine, c'est-à-dire qu'elle compte avec une croissance à long terme.

D'autre part, lorsque le volume augmente au milieu des baisses, cela signifie que la tendance haussière ne va pas durer longtemps, cela fait partie des informations fournies par le volume, bien que sans cette analyse, il peut conseiller ou exposer juste le contraire, que la prochaine chose à faire est de percevoir une tendance baissière, alors que ce n'est pas la bonne chose à faire.

- **Limites du marché**

Pour comprendre cela, il est essentiel de prendre en compte la capitalisation du marché de la crypto-monnaie, car cet aspect fournit une image de la stabilité d'un actif qui est soumis à l'analyse technique, pour arriver à déterminer ce degré de capitalisation du marché, il faut multiplier l'offre en circulation par le prix de la pièce.

Normalement, les crypto-monnaies qui donnent un résultat plus élevé en termes de capitalisation boursière sont celles qui possèdent la qualité d'être stables, ce qui est un détail à prendre en compte au milieu de cette dynamique financière.

- **Indice de résistance relative**

Divers programmes graphiques qui sont dédiés aux crypto-monnaies, ont dans leur inclusion aux indices de force relative ou aussi connu sous le nom de RSI, cela peut être 100 ou plutôt (100) / 1 (RS), dans ce cas, RS est égal ou similaire au ratio qui fonctionne comme une limitation du nombre de jours dans lequel une crypto-monnaie était au-dessus ou en dessous de la moyenne.

Comme vous pouvez choisir un graphique, il est chargé de présenter cette observation automatiquement, à émettre au bas du graphique en chandelier, généralement le RSI peut être au milieu de 0 et 100, dans le cas où un RSI indique un point proche de 30 ou moins, cela signifie qu'il s'agit d'un actif sous-évalué.

D'autre part, lorsque le RSI est proche ou supérieur à 70, cela indique que l'actif est en phase de surachat, c'est-à-dire que le prix est dans une tendance à la baisse à venir.

- ## Moyennes mobiles

La reconnaissance de tendance est une réalité pour les moyennes mobiles, cette moyenne dépend du prix moyen de la crypto-monnaie sur la période choisie, généralement ces calculs sont estimés sur le prix de négociation de la monnaie sur les 20 derniers jours.

La connexion de chacune des moyennes mobiles, aide à former une ligne à travers laquelle les prédictions peuvent être imposées, d'autre part, il y a les moyennes mobiles qui sont conçues comme exponentielles (EMA), étant un type de calcul qui permet d'obtenir plus de poids sur les valeurs du prix de l'actif.

- ## **Les délais**

Au milieu du développement de l'analyse technique effectuée pour choisir un investissement à long terme, des cadres temporels peuvent être imposés au graphique des prix, généralement certaines options sont trouvées où différents graphiques couvrent 15 minutes, heure, jour, et toute autre mesure qui va de pair avec le commerce à l'esprit.

L'analyse technique est un clair sur le passé des crypto-monnaies, étant une grande facilité pour obtenir des prédictions sur ces actifs, généralement le logiciel graphique comprend chacun de ces éléments expliqués, plus d'autres outils supplémentaires qui permettent de simplifier le choix d'investissement.

Les marchés de prédiction les plus fiables

Les prédictions fonctionnent comme un guide externe qui fait bouger le monde financier, dans le cas de l'établissement de marchés de prédiction, sont des négociations qui sont disponibles, sur la base des probabilités d'un certain résultat, suivant la base ou des études de différents événements.

Ce type de média fonctionne dans le cadre d'une collecte d'informations, en plus de prendre en compte toutes les parties impliquées ou agents, bien que pour avoir accès à ce type de résolutions, certains quotas soient imposés, puisque ces prémisses font partie d'une étude exhaustive basée sur l'activité des acteurs du marché.

Dans le cas spécifique des crypto-monnaies, il y a une étude associée à la technologie blockchain, de sorte que chaque protocole décentralisé peut être analysé dans le cadre de l'échange d'un résultat d'un certain événement, tout cela fait à travers un algorithme, de sorte que les contrats sont exécutés en cas de réunion de différentes conditions.

Les principaux marchés opérant dans le monde des crypto-monnaies, à la recherche d'une efficacité prédictive, sont les suivants :

1. **Augur**

Augur correspond à un développement décentralisé, sa fondation obéit à la dynamique ERC-20 qui appartient à Ethereum, son développement est encadré en 2014, pour cette raison il correspond à une fonction pionnière dans ce domaine, faisant que plus d'utilisateurs peuvent créer un marché basé sur un événement du monde réel.

2. **Gnosis**

Il fait partie des principaux marchés de prédiction, il fonctionne de la même manière que le précédent, basé sur le même protocole, mais il utilise le crowdsourcing pour essayer d'être correct sur le résultat d'un événement dans la vie réelle, établissant un marché ouvert et fournissant un système de deux jetons.

3. **Stox**

Il est constitué comme l'un des marchés prédictifs appartenant à la Blockchain cherchant la décentralisation, la mission est la même que les précédentes, avec le fonctionnement sur le protocole Ethereum, de la même manière il permet de créer un marché, et d'avoir des opérations avec les actifs.

Le rôle des tendances Google

Au milieu de la recherche de l'avenir de certaines cryptomonnaies, Google trends s'ajoute comme une source importante de réponse, car il présente un large menu avec des nouvelles et en même temps une quantité pertinente de citations, tout ce qu'il diffuse est une approche directe du marché.

Le résultat de la vision de Google est basé sur les recherches qui sont développées à travers cet outil, obtenant ainsi une orientation sur le prochain pic de la crypto-monnaie, le tout grâce à l'étude des différentes institutions et de tous les médias impliqués dans les crypto-monnaies.

Les croisements de prix, ont à voir avec de nombreuses décisions actuelles, pour cette raison à travers cet outil Google qui émet chaque mouvement, car il impose une surveillance précise sur l'industrie de la crypto-monnaie, et un grand pourcentage du public ne connaît pas ce moyen d'opportunités.

Chaque donnée qui est émise dans Google Trends, est une représentation même des recherches qui sont effectuées dans Google, en filtrant les termes connus comme "Bitcoin", "Ethereum", et autres similaires, avant la puissance de l'outil de recherche eta, ressort un désintérêt de la part de la communauté numérique.

La distinction est sur les sources de données qui sont basées sur une chaîne anecdotique, au lieu de Google fonctionne sur le volume de recherche, qui devient beaucoup plus réaliste que optimiste, étant utile pour ceux qui observent de près l'industrie de la crypto-monnaie pour trouver des surprises près de ce fait.

D'autre part, il y a l'émission de rapports sur la volatilité du marché, et la consolidation de certains actifs, tous basés sur la quantité de transactions qui circulent et leur effet sur le prix, étant une mesure future à prendre en compte, ces rapports fonctionnent comme une mesure de la spéculation avec des preuves.

Chaque augmentation des achats suggère une voie à adopter sur ce bien, en parvenant à former un récit avec la preuve des enregistrements disponibles en ligne, sans oublier que lorsque des achats massifs se produisent, tout le scénario change, et ce genre de facteur est considéré comme une mesure dans le futur.

Application de l'analyse fondamentale pour déterminer l'avenir des crypto-monnaies.

L'utilisation de l'analyse fondamentale sur les crypto-monnaies, joue un rôle complémentaire, basé sur ce qui est fait par l'analyse technique, consiste également à estimer si le prix d'un actif est juste, surévalué ou a le potentiel d'augmenter, dans le cas des crypto-monnaies, il est compliqué par le fait d'être des réseaux décentralisés.

L'évaluation de cette classe d'actifs doit être approfondie, c'est pourquoi le rôle de l'analyse fondamentale augmente son importance. En même temps, elle est mise en œuvre sous un autre angle pour élargir la vision, puisque l'analyse technique ne prend en compte que le prix historique que l'actif a atteint, sans valoriser d'autres types de métriques.

Au fur et à mesure que l'on participe ou que l'on achète une crypto-monnaie, les possibilités de profit augmentent, dans le cas d'un nouveau projet de crypto-monnaie, il n'y a pas de prix à analyser ou à prendre en compte, dans ce type d'actifs, le plus conseillé est d'appliquer l'analyse fondamentale.

Ce type d'étude permet à la fois de détecter les fraudes et d'éviter les pertes. Pour effectuer ce type d'évaluation, il n'y a pas beaucoup de complications, car les informations gratuites en ligne sur les crypto-monnaies abondent et les discussions sur les actifs circulent sur les réseaux sociaux.

Chacun des développeurs, des mineurs et de tout type d'entrepreneurs dans ce domaine est chargé d'interagir sur les détails liés à l'actif, de cette façon vous pouvez suivre même la plus petite incidence sur les projets de cryptocurrency, c'est la chose positive sur les plates-formes de nos jours.

La suggestion pour réaliser ce type d'étude est de comprendre certains concepts de base, où l'essentiel est de mesurer le comportement de chaque actif avec un niveau critique qui est frappant, de plus chaque mesure est expérimentale et finit par être vérifiée quand l'année ou la date de prédiction arrive.

Au début, un investissement ou un résultat peut sembler révolutionnaire, mais une valeur peut baisser en quelques secondes ou jours, donc se marier ou s'engager dans la prédiction d'une crypto-monnaie est une affaire personnelle, vous devez suivre cette vision et cette sécurité basée sur vos propres études, pour avoir les informations qui vous permettent d'investir.

Grâce à Coinmarketcap, vous pouvez avoir accès à un grand flux de données sur les crypto-monnaies, c'est donc un moyen qui peut être classé comme l'un des favoris pour cette fonction, en parvenant à regarder les détails suivants :

1. **Classement immergé dans la tarification des crypto-monnaies**

Une question telle que la capitalisation du marché fait référence au nombre de pièces en circulation, qui doit être multiplié par la valeur de la pièce. Par exemple, le bitcoin a une capitalisation de 132 milliards de dollars, qui résulte de la multiplication des 18 millions de pièces par le prix actuel.

En revanche, dans le cas d'Ethereum, une capitalisation boursière de 16 milliards de dollars est développée, qui résulte de la multiplication des 109 millions de pièces sur le prix de chaque ETH, en utilisant Coinmarketcap, ce facteur est couvert puisque les crypto-monnaies possèdent un ordre du plus haut au plus bas basé sur la capitalisation.

Cette méthode permet de mesurer la valeur qui existe sur un réseau, où le bitcoin a toujours été considéré comme l'un des premiers, lorsqu'une plus petite capitalisation apparaît sur le marché, le risque est plus grand, mais en même temps les opportunités de croissance sont plus grandes, ce qui permet de consacrer l'investissement à cet aspect.

2. **Nombre de pièces en circulation**

Les crypto-monnaies ont un nombre total de pièces, il en va de même pour les tokens qui sont en circulation, donc lors de tout achat d'une pièce avec l'espoir que le prix va augmenter, savoir qui détient 50% de la circulation est un indice pour cela, car, s'il fait partie des fondateurs, ce n'est pas une mesure très intéressante.

Dans le cas du bitcoin, une distribution équitable a été générée puisque personne ne possédait cette crypto-monnaie au départ, et seuls les mineurs ont été récompensés pour soutenir la sécurité du réseau.

Le bitcoin compte 18 millions de pièces en circulation, dont 21 millions sont extraites au total, ce qui signifie qu'aucune entreprise, aucune équipe et encore moins aucun individu ne peut détenir plus de 50 % du total des pièces. De même, Ripple (XRP) compte 43 milliards de pièces en circulation sur 100 milliards de pièces émises.

Dans ce cas, un montant total supérieur à 50% des pièces en circulation est sous le contrôle des fondateurs, ainsi que des membres intéressés, étant un facteur qui pour beaucoup n'est pas positif, cette évaluation devrait être pratiquée avec chacune des cryptocurrencies.

3. **Propositions de valeur et facteur concurrentiel**

Dans le cas des crypto-monnaies, il y a une proposition de valeur derrière chacune d'elles, c'est la distinction entre l'une et l'autre, dans le cas du Bitcoin par exemple, il conserve un réseau beaucoup plus sûr et décentralisé, cela fait qu'elles peuvent être utilisées pour effectuer des transactions qui ne sont pas censurées, de n'importe où dans le monde.

D'autre part, il existe d'autres crypto-monnaies qui cherchent à fournir la même proposition de valeur, mais c'est un point difficile à surmonter Bitcoin, cependant, il existe une grande diversité de crypto-monnaies avec un niveau élevé de confidentialité sur les transactions telles que Monero (XMR), Grin (GRIN), et ZCash (ZEC).

Chaque type de crypto-monnaie a une distribution initiale, en plus des algorithmes de minage, sa propre technologie facilite le cryptage, de sorte qu'il obtient une performance idéale sur différentes situations, cela indique qu'il est indispensable de trouver la proposition de valeur de la crypto-monnaie, en plus de connaître les concurrents qu'elle a.

En effet, si deux crypto-monnaies ont le même algorithme de minage, tout est concentré sur celle dont le calcul est le plus faible, ce qui rend le réseau plus facile à attaquer et signifie qu'elles ne sont pas sûres.

4. Monnaie ou jeton

Dans le cas où il s'agit d'une blockchain propriétaire, ainsi que d'un jeton superio qui se trouve sur une autre chaîne, cela implique que lorsqu'il s'agit d'un jeton qui emploie une autre blockchain, le réseau est sécurisé, comme c'est le cas avec OmiseGo (OMG), étant un système de paiement qui exerce la blockchain Ethereum.

Ce qui précède renforce le niveau de sécurité, car lorsqu'un attaquant cherche à pirater OmiseGo, il doit en même temps pirater Ethereum. Il est donc essentiel de savoir si la blockchain utilise la méthode Proof-of-Work ou Proof-of-stake, afin d'éviter toute fraude.

Lorsqu'une blockchain possède une preuve de travail, cela signifie qu'elle possède un niveau positif de calcul pour ne pas être attaquée. D'autre part, lorsqu'une blockchain possède une preuve de possession, il est essentiel de comprendre s'il existe une fondation ou un créateur qui conserve plus de 50 % des pièces.

Un autre point à étudier est le nombre de nœuds, car cela permet de sécuriser le réseau, puisqu'on obtient des informations sur qui le contrôle. Dans le cas d'EOS, il n'y a que 21 nœuds qui continuent à produire des blocs, alors que Tezos a plus de 400 nœuds.

De même, il y a certains facteurs techniques à considérer, car dans l'analyse fondamentale, les aspects les plus utiles sont pris en compte pour avoir un contact avec ce qui se cache derrière la crypto-monnaie, il est essentiel d'enquêter sur tout ce que vous pouvez, afin que chaque étape devienne une échelle sûre.

5. **Volume**

C'est une valeur représentée par le volume d'achat et de vente qui est généré quotidiennement, elle représente un indicateur d'intérêt qui dépend des personnes qui concourent sur le marché, c'est pourquoi les crypto-monnaies qui ont plus de capitalisation sont celles qui occupent les premières places de tout top ou classement.

Tout cela grâce au fait qu'ils ont des volumes de milliards de dollars par jour, et c'est également possible parce qu'ils peuvent être achetés sur la plupart des échanges, ils ont une porte ouverte pour le commerce, de sorte que ces plates-formes peuvent prédire et déplacer une grande quantité de volume, étant un point d'information utile.

Chacun des échanges sont dédiés à obtenir des commissions pour chaque achat et vente de crypto-monnaies, plus les utilisateurs participent à cette dynamique, plus ils obtiennent de l'argent, dans le cas de Tezos, il était l'un de ceux qui pouvaient soutenir un volume quotidien de 2 à 5 millions, et était négligé par la plupart des échanges.

Cela a changé, étant inclus sous le commerce Coinbase et Binance, car cela a causé une accumulation de plus de 100 millions de dollars, plus le volume quotidien avec une appréciation de 100% sur le prix, d'autre part, les faibles volumes sont un indicateur de ce qui est hors du radar des utilisateurs.

Lorsque des fondamentaux solides sont présents, il ne fait aucun doute que le volume génère un comportement croissant, et les bourses finissent par se débarrasser de l'offre de cette monnaie sur leur Bourse.

6. La communauté

Les blockchains sont développées par les personnes qui utilisent ces actifs, car leur contribution est une amélioration, et est due à des intérêts différents, donc la recherche sur les réseaux sociaux et les forums est essentielle, car elle permet de connaître le nombre de personnes qui sont derrière une crypto-monnaie.

Lorsqu'il y a une communauté solide et engagée, les chances qu'il s'agisse d'une crypto-monnaie qui a une survie à long terme sont élevées, l'un des projets qui a été tendance est GRIN parce qu'il est financé par des dons, ce genre de naissance crée une tendance dans le monde financier.

En prenant comme référence trois crypto-monnaies de grande popularité et de grand potentiel, comme Tezos, ZCash et Ethereum, cette analyse fondamentale peut être pratiquée sur chacune d'entre elles :

- **Analyse fondamentale de Tezos**

La crypto-monnaie Tezos a la modalité ou le fonctionnement d'avoir une blockchain de trois propositions de valeur, où les contrats intelligents, la restriction de la blockchain et le développement de Proof-of-Stake par procuration sont intégrés, et est considérée comme l'une des blockchains les plus difficiles.

La blockchain décentralisée de Tezos (XTZ), permet de réaliser les transactions mentionnées ci-dessus, et sa conception cherche à corriger les erreurs qui ont été faites ou ont eu Ethereum, tout cela grâce au fait qu'elle dispose de mécanismes d'amélioration efficaces, et ne génère aucun type de conflit sur la communauté.

En ce qui concerne l'analyse fondamentale, un consensus a été atteint, basé sur le fait que le test de possession détermine si vous avez une certaine quantité de jetons, pour être considéré comme le moins intéressé à effectuer une sorte de fraude, d'autre part, la banque a un temps de blocage cible proche d'une minute.

Environ 80% des jetons sont bancaires, tous les 4 096 blocs sont remplis en environ 3 jours pour compléter le cycle, pour passer au paiement des récompenses, en raison de l'aspect de mise à jour du protocole, il s'agit de 4 votes, avec un cycle de 3 mois.

En outre, le langage de programmation mis en œuvre est connu sous le nom d'OCaml, un autre aspect étudié est celui des transactions quotidiennes qui se maintiennent entre 20 000 et 40 000, et ont même atteint un pic de 100 000 transactions, une valeur importante est celle des adresses actives, puisque la valeur d'un réseau est estimée comme le carré du nombre d'utilisateurs du système.

• **Analyse fondamentale de ZCash**

En termes généraux l'analyse qui correspond à Zcash détermine une blockchain, elle est dédiée sur le protocole Bitcoin, elle a une grande similitude, elle a aussi un niveau de confidentialité optionnel, ces études sont basées sur la technologie intéressante derrière la crypto-monnaie, pour avoir accès à une plus grande marge de confidentialité.

Un détail analysé dans le cadre de ce scénario, est la proposition de valeur et les concurrents, puisque les données sont protégées, de l'expéditeur, le montant et même le destinataire, parce que les transactions ont une signature unique, cela aide la part de marché de ZCash sur ces monnaies atteint 17%.

Son côté indépendant d'avoir sa propre monnaie, facilite tout avec son algorithme de minage, celui-ci est appelé comme Equihash, et la capitalisation du marché a atteint 2,7 milliards de dollars, sur la base de cette information le pic maximum que le marché présente est déterminé.

D'autre part, la quantité de pièces en circulation est un concept à gérer, car ce qui a été extrait peut projeter un avenir proche sur cette crypto-monnaie, aidant à savoir dans quelle période se trouve la technologie, par exemple, dans ce cas, elle passe par une phase de forte émission.

Au milieu de ces considérations, la question du volume est ajoutée, pour considérer que Zcash a une liquidité élevée en tant que crypto-monnaie, il facilite également la réalisation de grands achats sans avoir un impact direct sur le prix, pour assurer toute mesure peut être faite une comparaison avec le nombre de transactions quotidiennes.

Chaque valeur qui est transférée au sein du réseau est estimable, bien qu'il ne s'agisse pas d'une information indispensable pour connaître l'avenir de la crypto-monnaie, et dans toute situation, la communauté derrière cet actif peut être consultée, car elle publie des mises à jour sur les développements et les discussions liés à l'actif.

• **Analyse fondamentale d'Ethereum**

Les études des incidences d'Ethereum, commencent par déterminer ou estimer que c'est l'une des premières blockchains avec des contrats intelligents, où il y a la possibilité de programmer quelques applications décentralisées, au milieu des facteurs d'études incorpore la mise à jour du protocole.

Chacun des participants au sein de ce réseau effectue un "hard-fork", en outre, il y a Ethereum 2.0, où il y a une refonte complète du réseau, en outre, il y a les mises à jour, basées sur un changement d'algorithme minier qui est exposé au changement, et fait partie de "Programmatic proof-of-work".

À un autre niveau, il s'agit de l'étude de la puissance de calcul dédiée, qui est mesurée comme une valeur à augmenter dans le futur, en cherchant à atteindre un niveau maximal, au milieu de ces estimations, on ne peut pas négliger l'inflation, qui a été une valeur récurrente sur une base annuelle.

D'autre part, l'utilisation du réseau est importante, avec l'utilisation de blocs de transition, et en ce qui concerne les transactions en attente, lorsqu'il n'est pas suffisant pour le type de demande des applications opérant sur le réseau, de chercher un soulagement sur le réseau, certaines actions de décongestion sont appliquées.

Un aspect tout aussi pertinent est le nombre de transactions quotidiennes, qui atteint dans ce cas un maximum historique de 30%, où chaque nombre d'opérations est directement lié au prix de la monnaie. Un détail essentiel est le nombre de nœuds, puisqu'il compte 6700 nœuds actifs, ce qui entraîne l'absence d'équipements coûteux.

En outre, les dapps comptent et maintiennent un montant proche de 200 000 utilisateurs actifs sur une base mensuelle, d'autre part, les informations de Google tendances dans le monde entier, sont une référence fixe pour ne pas perdre la trace des occurrences de cryptocurrences, et dans ce cas joue un rôle clé pour apprendre sur les augmentations.